ANIMALS
THEMED
WORD SEARCH
PUZZLE BOOK

ANIMALS

```
E  D  O  T  S  Q  F  Z  V  V  Y  I  O  P  G
D  E  R  L  A  E  S  A  H  X  Q  L  N  U  T
V  V  S  E  A  S  H  Y  U  A  E  U  J  L  K
M  M  N  U  G  K  B  N  B  I  Q  N  D  O  C
R  N  D  F  O  I  E  V  S  O  X  U  K  N  O
D  I  R  K  P  M  T  T  T  V  O  I  T  G  M
M  F  N  J  E  O  R  L  D  K  B  B  K  E  M
X  J  H  A  N  D  U  A  A  B  D  R  A  A  O
C  K  R  X  Z  O  D  I  E  G  H  H  X  R  N
D  Q  S  Z  J  G  C  V  Y  B  N  T  I  E  L
U  R  E  V  Y  R  Z  L  T  V  K  E  T  D  O
Y  L  S  N  Y  L  F  Y  A  M  Y  C  B  O  O
G  F  A  T  L  K  M  O  Y  F  F  M  A  W  N
W  Q  R  P  L  E  I  B  C  H  A  X  Z  L  X
T  Y  D  N  U  O  H  N  A  Z  I  B  I  Z  B
```

BENGAL TIGER	ESKIMO DOG	MAYFLY
BLACK BEAR	FALCON	MOUSE
BOOBY	IBIZAN HOUND	SEAL
COMMON LOON	LONGEARED OWL	

ANIMALS

```
F  J  H  N  T  W  B  T  F  P  T  R  B  T  D
I  D  T  T  I  G  E  R  S  H  A  R  K  U  N
U  X  U  I  Q  H  M  I  B  E  T  T  S  R  I
F  G  D  U  D  W  P  A  N  R  H  J  A  U  L
Q  D  D  R  A  Z  I  L  N  A  M  I  A  C  U
T  F  N  R  I  S  C  T  O  T  C  K  K  O  O
K  C  D  K  A  B  S  H  S  D  A  U  Y  L  Y
A  E  V  Q  A  Z  E  O  W  Z  Y  R  O  G  U
Z  E  Q  P  T  S  I  T  F  D  U  K  A  T  Y
J  Y  R  A  Y  R  B  L  A  S  S  T  S  Y  D
X  A  O  O  Y  O  W  S  D  G  K  Y  D  U  N
N  R  Y  M  H  C  V  S  I  N  I  X  Q  B  D
V  C  M  U  B  D  X  F  I  U  A  R  N  D  T
J  A  K  L  D  J  R  Q  F  W  W  S  F  F  G
S  F  P  E  Z  I  V  R  G  B  A  Z  Q  B  X
```

CAIMAN LIZARD	MANTA RAY	TOUCAN
DUSKY DOLPHIN	MULE	
FOSSA	SAND LIZARD	
FRIGATEBIRD	TIGER SHARK	

Puzzle #3

ANIMALS

```
L  I  G  I  F  D  N  Z  F  S  X  I  O  W  S
Y  L  E  I  N  A  P  S  D  L  E  I  F  I  F
D  M  S  E  V  E  S  S  N  O  W  S  H  O  E
T  F  Y  G  X  D  R  E  Z  X  I  X  T  R  L
P  E  G  Y  P  T  I  A  N  M  A  U  Q  E  A
P  K  Q  I  A  U  R  T  H  X  L  Y  N  I  B
Z  X  U  U  P  S  J  U  J  C  L  Z  G  N  T
D  E  O  D  G  A  T  R  K  K  I  W  I  D  B
N  Q  H  F  S  X  H  T  E  C  S  T  O  E  V
M  T  E  O  C  C  J  L  D  S  O  F  C  E  H
T  S  C  M  V  E  N  E  S  V  E  C  M  R  W
E  M  J  F  R  J  N  Q  F  G  L  M  A  Y  A
V  Q  E  M  I  X  K  N  M  L  X  R  R  E  T
B  H  N  S  T  A  G  B  E  E  T  L  E  U  P
R  S  C  A  Y  W  W  O  L  F  F  G  Z  T  B
```

ARCTIC HARE	KIWI	STAG BEETLE
BURMESE	PEACOCK	WOLF
EGYPTIAN MAU	REINDEER	
FENNEC FOX	SEA TURTLE	
FIELD SPANIEL	SNOWSHOE	

Puzzle #4

ANIMALS

```
X N A U Q U W P J I Z S Z W G
W R V Q C R V Z K K C E W Y Q
K A A S S H P V H Y S O B Q I
F F X Y P H S I F R E F F U P
F I R R T A M T L M G R A P A
I O S L D E T Q H A N A P Y N
F G L H R Z T A M W X C Z M S
I W H V I Y W R S H J C U O B
F B I G R N O A A M U O Z R B
B I U L U R G J L G O O G A D
B L A R D T L C B L H N V Y Y
I L A I O B L L A M A S K E D
J G M K H A O S V T M B Z E Y
G N E P H L F A D R L O Y L Y
J J S X Y Z E B R A S H A R K
```

FISHING CAT	PUFFER FISH	XRAY TETRA
LLAMA	RACCOON	ZEBRA SHARK
MORAY EEL	WALLABY	ZEBU
PATAS MONKEY	WILD BOAR	

ANIMALS

```
X  R  I  A  B  O  Q  S  K  C  C  I  Z  S  S
R  K  F  B  T  G  O  G  P  H  Q  V  H  R  I
H  I  B  J  L  J  I  L  W  O  Y  W  O  N  S
M  E  P  A  F  P  O  E  S  V  F  A  C  A  U
T  E  Z  A  D  O  Z  O  C  A  A  G  U  Q  D
K  Y  L  E  T  G  U  P  C  G  N  K  Y  I  R
V  N  D  L  N  A  E  A  V  N  F  P  N  S  V
W  I  T  U  B  R  C  R  A  E  B  N  U  S  R
V  V  W  X  H  M  V  D  E  W  G  L  M  G  Q
E  U  S  N  S  K  I  T  R  T  T  X  F  C  O
X  L  N  F  O  B  C  P  E  A  S  J  O  Q  K
W  J  I  F  N  G  E  Y  I  R  P  B  E  E  M
E  S  F  H  Z  L  V  L  I  Y  I  O  O  W  P
G  F  T  U  G  E  Q  N  P  U  S  S  E  L  N
I  W  U  J  F  J  L  X  S  A  B  H  V  L  F
```

BADGER	LEOPARD	LEOPARD CAT
LOBSTER	NEWT	SNOWY OWL
SUN BEAR	TAPIR	

ANIMALS

```
K O O K K W B Y G H V K M A Q
I R M B R U S S I A N B L U E
C E A C Z E M B I M S Q U M J
K Z E V A N M S E S O O M B H
H W Z B D S I E X T Q D F O E
I A Y M Y R B T P E Z Y D B J
O C L I B E A V E R F B J A A
K C F L I D N A E U J O A M O
H B N P I A R O A Q Z J G K N
V Y P W B G A P H J S E O Z I
J T T C B N A I R E B I S A C
J A I N S E C T H D K D N Z D
V Z E F S Y H B O X E R D O G
K P H H P E N A M R I B P L Q
J R W O G R W Z P L Y N U I Q
```

AARDVARK	BOXER DOG	MOOSE
ALLIGATOR	HAMSTER	RUSSIAN BLUE
BEAVER	HONEY BEE	SIBERIAN
BIRMAN	INSECT	

ANIMALS

```
H  S  L  P  Y  R  U  Q  I  N  I  B  O  R  V
R  K  W  I  E  G  M  E  X  O  A  A  Z  B  Y
Z  E  Y  K  G  S  I  D  U  Y  H  M  Q  S  A
H  F  H  P  D  E  U  K  C  L  P  L  U  O  K
Z  V  R  C  T  A  R  O  U  R  K  W  E  H  W
T  D  E  Q  S  N  R  E  M  X  L  G  T  D  J
P  W  N  A  X  N  A  R  T  R  Z  I  Z  J  Z
V  O  C  Q  X  H  I  Y  Y  S  O  I  A  F  D
U  D  O  L  J  E  Z  P  A  W  Y  D  L  N  A
U  L  N  L  N  W  L  O  N  L  M  O  G  J  S
V  C  O  Y  F  J  G  G  B  E  A  U  V  J  R
O  G  L  N  S  R  X  O  A  O  F  M  H  I  I
Z  T  F  A  F  U  O  C  H  E  A  F  I  H  U
X  Y  C  Z  I  G  P  G  G  W  B  Y  A  H  J
M  K  I  W  E  L  S  H  C  O  R  G  I  B  Q
```

AFFENPINSCHER	LIGER	SNAIL
BEAGLE	OYSTER	WELSH CORGI
DORMOUSE	POOL FROG	
HIMALAYAN	QUETZAL	
HUMAN	ROBIN	

ANIMALS

```
V T N P T P T K S Z E A Q Y D
W M N I A B R A N P S J T V Z
U R O O U L J J R U T Z E E L
D E B U G G B O H V M U R P H
S Q Y V N A N A E G U P M C Q
Z B N S G T R E T G C Z I A K
W V H N M A A D P R M P T H H
Z Y A Z D A L I O L O O E U C
C G A D S U V J N D A S D V T
A N E S N P C L U L O Y S J U
B R Y N I A S L J H I M O Q K
D R I B C I P O R T X O O R Z
Y W B F A H K D S Q Y H N K Q
R A X V M S C B E J A A I E I
P W Y F W N U Y D R P I L C W
```

ALBATROSS   PUG   TERMITE

CHIPMUNK   RAT   TROPICBIRD

KOMODO DRAGON   RED PANDA

MOUNTAIN LION   ROYAL PENGUIN

ANIMALS

```
L E O P A R D S E A L W A K O
L R L C L V S L O T H O K L J
V O P A X H A U S M K O A K O
S Q K R H E X Q C L Z D T A B
N C F N H W G G N S A P P V K
Z H O L U Q N L J P U E M R P
B A N X H K U I S U G C I W Q
V M M X N D S Y F O K K L P N
U E M G K J P M F M Q E L F O
G L A S S L I Z A R D R I Y E
G E R B I L N O K G U S P G H
U O A N Z V G S E U P X E T S
Q N J H M C E U J Q N I D T Q
O E H W M N W X F F S O E Q X
R M H Y E K N O M Y L L O O W
```

CHAMELEON	LEOPARD SEAL	WOODPECKER
CUSCUS	MAGPIE	WOOLLY MONKEY
FIN WHALE	MILLIPEDE	
GERBIL	SKUNK	
GLASS LIZARD	SLOTH	

Puzzle #10

ANIMALS

```
D R B U X R S P A L S H I H D
J D A H V I H J P L A T R U C
B X G L B Q R Y I T C K W Z L
P F B R L C I O L J U Q C E E
A D G A Z I M R G L Z U V A T
O W C I R W P N Q O J N S F J
N J Z H L N O R D W G K N L U
D S J Y I A A Z E N W E Q Z Y
N G Y F T N M C F T F Q Y Q B
D N U O H D O O L B A H G G X
Z L O I G J M O N E V C G J S
T V G O Q V D Y K S F U K J B
H T O M S S U P K B T J C H T
L A G S G J H N R I T E N M W
Y L B N Y Z S Q J E E K R D C
```

BARNACLE	BLOODHOUND	CATERPILLAR
CHINOOK	GILA MONSTER	JACKAL
PUSS MOTH	SHRIMP	

ANIMALS

```
C O C T S E M R D O K W N Z J
F N H O W L E R M O N K E Y V
Q N B V M U S S O P O W V X F
E Z O G K R Y E X W S R W U U
D K X S J T Z M C R W I W J Q
B U D G E R I G A R Q O S S H
G W J G F N O S I B D K L F R
U H Y H E A Q H N L C A M G Z
L I V E D Y N R O H T K G T T
Y P R V R T U A T A R A M R P
I P M F I N N I S H S P I T Z
E E D A R W I N S F R O G U Q
B T T Y G R J J Y P T Q B S K
S A W A T E R V O L E L F Q V
X T Z O K P Z P O J W Y D N U
```

BISON	HOWLER MONKEY	WATER VOLE
BUDGERIGAR	KAKAPO	WHIPPET
DARWINS FROG	OPOSSUM	
FINNISH SPITZ	THORNY DEVIL	
GLOW WORM	TUATARA	

ANIMALS

```
W  I  G  R  E  Y  S  E  A  L  T  F  M  W  U
T  X  O  T  Q  J  J  O  K  D  C  W  T  E  W
M  A  B  W  S  R  A  R  B  C  H  R  C  C  R
K  N  E  A  V  E  P  F  A  O  Y  R  D  C  Y
Z  O  Z  A  W  R  A  V  S  S  N  Z  D  Y  L
T  B  S  C  W  D  N  U  H  W  U  O  R  P  C
Q  W  X  J  M  P  E  O  R  Y  M  O  B  F  A
J  U  O  N  A  W  S  G  X  C  A  E  A  B  S
J  Y  C  V  K  K  E  W  G  O  H  Y  P  D  E
I  N  Q  P  F  F  C  X  R  O  V  I  H  O  H
I  G  P  K  F  A  H  Y  C  E  C  P  N  Z  I
D  T  S  J  Y  D  I  L  H  C  I  C  G  Y  O
E  K  H  T  P  U  N  K  X  B  K  Q  M  C  M
B  L  A  Q  R  G  C  N  D  P  R  H  G  S  K
L  O  U  H  Z  A  H  T  D  Y  U  M  S  F  N
```

AKBASH	BONOBO	CICHLID
GREY SEAL	JAPANESE CHIN	SEA URCHIN
SWAN		

ANIMALS

```
P Q Z Y R D T E N C P Q B T P
U L G F T C T X T V N X E B O
W P W O Z P M Y A L P C A U R
Y P G O D D N A L N E E R G C
J N M L Y Y H B V F R Y I C U
C E A B I N C O S E S W G J P
S D A F U H W A B R I C N N I
Y A B F F T R A L R A U Z H N
P L G J Q I T S T E N V Z F E
B M O E F I T E P T U O V W S
P A G C V I L Z R Z P L U N H
X T Y K L U H I Y F S R B B K
V I P G Q Y C V P L L X P I E
I A C T B S T B I V D Y R C G
K N S B J W J E J W E G U M U
```

BEAR	FERRET	TAWNY OWL
BLUE LACY DOG	GREENLAND DOG	TIFFANY
BUTTERFLY	PERSIAN	
DALMATIAN	PORCUPINE	

ANIMALS

```
U  X  J  F  Q  Z  R  F  H  D  I  X  G  O  S
V  G  N  L  C  C  Q  Q  V  V  D  T  B  X  P
V  H  Q  Y  A  Z  D  P  Q  G  H  X  Q  J  K
N  P  G  U  L  E  O  H  D  N  C  I  Z  Y  O
M  R  K  M  U  A  S  N  K  X  J  O  G  K  W
B  A  R  B  Z  Z  V  T  K  F  X  J  N  X  I
R  G  X  N  G  D  D  R  N  E  A  Z  J  J  U
T  D  K  T  S  A  D  R  E  A  Y  O  Z  S  S
Y  O  S  W  D  X  J  D  K  S  H  F  A  N  O
G  L  R  E  Q  K  F  I  K  V  G  P  R  M  W
J  L  B  T  X  T  T  Q  D  A  L  F  E  B  X
I  F  X  L  O  H  K  X  E  T  B  A  T  L  N
R  E  E  D  R  I  P  P  V  W  U  T  H  Q  E
J  B  R  U  N  I  S  V  O  F  F  O  L  T  L
M  N  D  J  W  Y  P  E  G  C  H  E  V  L  U
```

BARB	DEER	ELEPHANT SEAL
LYNX	RAGDOLL	SERVAL
TORTOISE	ZONKEY	

ANIMALS

```
J W T T L W G Z L J Y D R D Y
Y D X S J K F Q D K W H Y Z J
A B E K M W B O Q R Z K T S C
M A I N E C O O N C I F W M D
G W C Q V I W H R R J B R L O
E Z A R M E H Y C H K X J G B
O I I J Q M O E W W I U J S N
J D Q Z I O P T C F O O E A O
T I H T T O P I N C Q H U K H
U X A O S R G E W A U M C U A
F O G M L T W M Q H N T H Y
Y R K Y J E G A H W U P B D E
X Z M J X N E S B E C C E C B
M X H H P S O P Z K L F M L X
H S R C I D W P P S E C P J E
```

BAT	BIRD	CHOW CHOW
DHOLE	ELEPHANT	MAINE COON
MOORHEN	WASP	

ANIMALS

```
O Z A L G R U M B R M B H T C
J M A L A Y A N T I G E R E C
F Q J G C E U E N N L L A M F
A S Q F A G L I B O Y Q A S B
R P C T P Q N A Z R R S B S L
D E M X Y D U K H J A E M T A
I H I E B N F I H W V L H R G
C C D R A G L T K U E U O B V
C I F G R R S A F U Z K K P W
Q F V U A E S E X W D M N Y R
G Q U E R H T O A H Z F R I C
E V X N Q S V X P L N N V B M
Z P A D E M E L O N I U Y E H
R D G E O Y H A A F B O K W F
G I J J Q D T L L I R D N A M
```

AKITA	HERON	PADEMELON
CAPYBARA	MALAYAN TIGER	POLAR BEAR
FOX TERRIER	MANDRILL	SEA LION
FUR SEAL	MINKE WHALE	

ANIMALS

```
I  Z  C  B  I  F  L  C  Y  O  Z  U  X  Y  K
U  O  R  K  O  Q  B  E  B  R  T  J  N  E  U
M  R  R  E  C  D  E  M  F  A  E  L  T  R  J
K  R  M  I  H  O  C  P  M  I  Z  B  R  Z  G
A  W  E  N  V  S  F  D  N  Y  R  V  Y  H  P
S  L  O  D  I  E  I  N  E  S  T  W  S  W  K
D  G  L  R  N  R  R  F  O  G  O  L  J  Z  B
N  Q  I  I  R  A  D  D  G  S  A  R  P  R  L
V  Q  B  A  H  A  M  N  O  N  T  T  S  H  R
M  B  V  W  N  C  P  A  P  L  I  D  G  G  Z
E  K  B  G  S  T  N  S  L  F  P  K  S  N  E
X  M  U  R  W  F  C  I  U  A  G  H  S  S  Z
E  J  X  L  B  M  A  L  H  F  S  A  I  L  Q
N  L  C  L  V  S  E  M  A  C  Y  Z  Q  N  C
T  S  D  G  X  W  R  D  X  M  Z  G  J  Z  V
```

CHINCHILLA	GIANT CLAM	INDRI
KINGFISHER	RIVER DOLPHIN	SALAMANDER
SPARROW		

ANIMALS

```
Q L D S P S E A D R A G O N Y
C T L M X R O H G O E D Z V Q
T Z D O T T E R H C J L Z O W
D E G L U H T T E U G W C P U
Y D V E T Q X R N C B A S E R
T H V I D E T S D I O J C D K
U Z S U C E O O Z F O N V M K
L Y V Q L N P Y L M V P I D I
T W D D U F A I B Y K V A H L
P N Z S L I W Y T H E D F V R
Y P Y S M C R R A N X K Y X X
J I G P S W J R V L E E N Y E
B J Q L C S L M E T A C B O B
S B Z Q B S Z N C L Z M J F M
S A Q A C R V F Q C E S O Z D
```

BOBCAT	MONKEY	RHINOCEROS
CENTIPEDE	OTTER	SEA DRAGON
MALAYAN CIVET	POINTER	SQUIRREL
MOLE	QUOLL	

ANIMALS

```
T A T M X P I G U F Z K H K L
C P B R O A T K V I V L O Q L
K A E Z E Y R L I Z U C K J K
O V O P F T F Y Q Z G K M U R
S Z W M H X A K H X G I R F N
F K I P Q H I K E K L W P O Q
N M O L G U I D S T C K R G W
O R B Q Y H G S P D M O V N L
S N T O S T U U J H N W R Q Y
K E S E T L A M I O Y O A J L
Z G Q G O I N O R S T M P I K
R J F P T J A H G T U B W F M
W V R J K B R M W C R A S Y F
N L F W B R Z Z F F H T X X I
S C A T F I S H V U N B O R I
```

CATFISH	GOAT	IGUANA
MALTESE	POND SKATER	ROCK HYRAX
UGUISU	WOMBAT	

ANIMALS

```
R  P  I  F  P  M  C  T  D  N  X  F  Z  X  W
X  G  O  R  S  M  R  Y  R  J  C  N  U  Z  P
W  H  X  W  E  E  T  P  M  B  C  E  Q  K  O
U  A  E  U  A  A  I  U  L  Q  J  D  S  P  D
I  R  G  L  H  L  E  E  T  A  N  A  M  I  N
B  I  N  R  O  P  R  T  I  B  B  A  R  A  D
Y  A  U  S  R  I  J  U  O  J  H  S  M  Q  C
J  L  R  T  S  O  R  U  S  Y  Q  R  T  R  R
Y  I  S  C  E  S  A  O  Q  P  O  G  R  Y  X
Z  U  E  K  O  D  M  T  N  D  A  C  F  D  U
S  O  S  I  T  R  R  O  X  E  N  H  B  M  U
Z  Q  H  U  E  L  V  M  N  N  D  D  M  U  U
L  I  A  U  Q  G  R  A  X  U  N  L  L  J  S
M  Q  R  Y  V  Z  V  D  O  M  Z  C  O  H  Z
C  K  K  U  B  C  X  A  D  Y  G  O  D  G  X
```

COYOTE	MANATEE	SEAHORSE
CRAB	NURSE SHARK	WALRUS
GHARIAL	QUAIL	
GOLDEN ORIOLE	RABBIT	

ANIMALS

```
H E R H Y T H C V N P L J Q J
F Q C X E Z E C K E N D S K N
T T W A T E R B U F F A L O I
P M K Y K R O Z S T W Y X U X
E Q S P L A U P W B B H P R X
R N S G P L N S H Q D S O C H
S P I N Y D O G F I S H G H I
L S H R R H G J A F W C A I T
L T X M E I X A V R H O K M H
E B O C D V N V D H O N O P T
I H V L W D L Z B E R O P A E
R A G U O C K O A B N O X N V
V R N D L X D R W U S U T Z N
A E Z F F B A P T T B A N E G
K Q G K R I Y S F N R Z F E Z
```

AXOLOTL	KANGAROO	WOLVERINE
CHIMPANZEE	RED WOLF	
COUGAR	SPINY DOGFISH	
HARE	WATER BUFFALO	

ANIMALS

```
J M D R I B A L L E R B M U S
N B Y G P Y B X T L Z Q P I T
G O D N O O C C A R G B R O I
V R U E I H A V A N E S E E C
E D Y E L P U M A R T E T D K
D E S D P I A P S H G U K C I
B R D N N E H K F O M A Z B N
V C O M M O N T O A D C Y A S
N O I L K O H G X U O G V U E
P L J L Z M U G U V A A B I C
U L A U U Y C N W I T N P Q T
W I S P I D E R M O N K E Y P
P E I Z O P C K B M U E X E M
G Y H U W Z J T F L G H C B L
U I S M G D I J U L M D N S O
```

BORDER COLLIE	PENGUIN	TETRA
COMMON TOAD	PUMA	UMBRELLABIRD
HAVANESE	RACCOON DOG	
LION	SPIDER MONKEY	
OKAPI	STICK INSECT	

ANIMALS

P A M C Q K J F P L G P X S W
S H P B L V M I K G E K T M J
E E Z Z C V E L F F S W K I H
H G L A N T E L O P E U T F U
L B R F J E H F D W Y E S V G
B A N D I C O O T O C D S Y T
L F T O Y E S A M M O M L W G
W P U F B A B O O N A P Q G X
L U S K B O M B A Y C C X N K
T N Y E B A R R A C U D A T F
T H B N A S I V B L X N R W M
S P E K I N G E S E B S N E F
N E E H U T G J N I K P Z P O
X F F C B V W C M B F Y V E G
K H L T M J N N P M S O M D D

ANTELOPE BOMBAY POODLE
BABOON MACAW
BANDICOOT OLM
BARRACUDA PEKINGESE

ANIMALS

```
P  V  B  G  P  C  Z  H  T  S  X  D  H  E  K
M  S  R  A  T  T  L  E  S  N  A  K  E  J  W
V  A  I  C  S  J  I  E  N  K  D  H  X  W  R
N  S  R  A  T  E  V  Y  S  I  C  J  F  U  O
S  N  Y  E  M  Q  N  E  D  A  H  U  M  K  Q
S  R  F  N  T  E  S  J  L  E  E  P  D  B  Z
E  I  X  T  O  T  S  O  I  G  S  W  L  D  W
B  L  T  A  K  R  E  E  M  D  A  P  O  O  R
R  J  R  T  M  Z  Z  S  V  A  O  E  N  C  D
R  K  T  L  S  S  R  A  H  I  L  G  X  T  Q
C  Y  N  J  D  X  N  J  K  S  F  I  V  O  O
E  Z  H  O  K  R  U  N  A  C  I  L  E  P  Z
Y  D  X  K  V  Q  A  R  A  H  G  R  U  U  I
D  Y  D  J  Y  C  I  Z  F  F  M  V  I  S  V
D  S  N  N  O  G  A  R  D  R  E  T  A  W  K
```

BASENJI DOG	MEERKAT	SOMALI
DOLPHIN	OCTOPUS	WATER DRAGON
DUCK	PELICAN	WEASEL
EAGLE	RATTLESNAKE	
IRISH SETTER	SIAMESE	

Puzzle #25

ANIMALS

Y Y W R W Y R A F F E H Q J V
T E Y Z W F R C K N Y I W Z O
S C Q Q K T G I V Z K U V O Y
R Y Q S I S S L O W W O R M L
G Q S G D K G L F W F I T J O
V L K B D H S E Y Y K L J Q J
A N Y C L V C C J A L R L B I
E M L W M I T H N Q G L I Y D
Q M M Z P P T I D Z H W O C V
X V W Z S I I H B A V N N M Y
G B A V K W G U P P Y U F U C
R F A H L F Z A L A P M I Y K
L T E V P T S H D Q Q B S F V
D E I J G A N U A E J A H T G
H C T Z Z F X A L P H T S M L

ANT   CHIHUAHUA   GUPPY
IMPALA   LIONFISH   MOLLY
NUMBAT   SLOW WORM

ANIMALS

```
Q  G  U  M  Z  W  M  K  M  F  K  V  X  W  X
U  T  W  H  Y  D  R  O  C  A  K  Z  F  R  U
S  R  T  G  Z  B  J  E  N  A  X  K  K  A  K
U  H  Z  K  W  N  R  R  V  G  I  Y  K  S  G
G  P  A  B  F  X  A  E  I  E  R  M  O  S  X
W  T  N  E  G  G  X  G  D  G  R  E  A  E  N
J  I  P  O  K  O  Y  O  G  N  I  D  L  N  Z
N  G  X  B  D  Y  O  H  F  E  U  B  A  B  Y
I  P  O  X  X  Z  K  B  P  C  Y  O  B  D  K
C  N  R  I  E  R  J  O  D  T  I  X  L  O  O
X  C  B  F  U  L  D  E  T  A  O  T  S  F  N
Z  X  T  Y  T  C  B  F  C  Q  C  O  C  J  F
Z  M  J  Y  C  O  I  F  C  B  T  Z  P  R  M
O  A  A  C  C  X  T  L  Y  R  L  M  G  V  A
T  S  M  P  F  L  R  O  U  V  Y  F  U  J  X
```

ARCTIC FOX	FLOUNDER	STOAT
CAIMAN	GIBBON	WRASSE
DINGO	KOALA	
DREVER	MONGREL	

ANIMALS

```
I  G  R  E  Y  H  O  U  N  D  R  Z  P  U  R
Q  Q  T  H  L  P  N  Q  V  O  F  I  K  F  G
M  N  M  J  V  E  S  S  B  W  Z  X  D  G  Z
T  J  Z  B  N  P  C  A  J  J  M  Y  M  C  U
A  S  S  W  X  M  J  T  N  A  G  T  V  F  P
W  T  E  Z  N  S  I  A  R  B  M  H  C  M  Y
G  G  V  E  E  Z  N  M  N  I  J  U  H  W  E
H  X  V  N  B  V  Z  A  U  E  C  U  M  F  F
D  O  W  X  R  E  Z  H  R  H  Y  E  E  M  S
U  J  T  F  D  P  D  K  G  O  P  H  E  R  S
G  O  W  X  H  O  B  L  U  E  W  H  A  L  E
O  K  N  Z  O  J  J  O  I  D  S  C  R  N  O
N  U  R  P  P  U  M  O  N  W  U  O  G  C  D
G  K  K  L  R  O  Y  K  H  G  V  K  O  N  K
W  H  S  I  F  N  O  I  P  R  O  C  S  G  J
```

BLUE WHALE	GOOSE	KUDU
BONGO	GOPHER	SCORPION FISH
DUGONG	GREYHOUND	WILDEBEEST
ELECTRIC EEL	HYENA	

Puzzle #28

ANIMALS

```
H  J  H  I  J  R  Z  Y  C  H  O  N  W  T  Y
J  S  N  E  A  N  D  E  R  T  H  A  L  T  F
U  A  B  U  H  J  W  Z  Q  W  A  B  E  J  D
P  I  U  D  I  D  M  Z  J  W  G  J  I  J  W
J  N  L  H  L  G  N  A  T  U  G  N  A  R  O
A  T  L  K  P  T  J  C  X  R  E  J  J  G  K
V  B  M  D  A  I  L  G  H  M  X  L  K  E  Y
O  E  A  C  P  V  H  S  W  A  G  N  W  K  W
C  R  S  G  O  R  F  N  O  M  M  O  C  H  B
E  N  T  N  T  W  O  I  S  J  O  O  R  A  S
T  A  I  B  J  O  R  T  Q  A  M  C  I  F  C
R  R  F  V  S  C  O  R  P  I  O  N  U  S  T
G  D  F  E  B  L  S  L  Q  A  D  L  L  D  H
B  P  N  N  E  W  F  O  U  N  D  L  A  N  D
T  G  N  I  M  M  E  L  W  V  P  Z  L  F  N
```

AVOCET	FROG	SAINT BERNARD
BULL MASTIFF	LEMMING	SAOLA
CHAMOIS	NEANDERTHAL	SCORPION
COMMON FROG	NEWFOUNDLAND	
COW	ORANGUTAN	

ANIMALS

```
R K A L F J U N X P E N C J E
L R O Y C A J Y X H L Y O U O
M K C E T A Y P K E U Z T X S
S E A S L U G U L A I H B E E
E L P L A T Y P U S C M Z M S
A Q A Q Q R R X D A R E P T U
S G W D X U E U I N L O F K P
Q O W T Y U H L T B M S S U
U O G G P B M I I R A J S P A
I A P N N X I D U E E C D U Y
R X W E I M J R F L W V O L B
T D A H G M T A D G A T I O G
L W H W Z B A L E M U R T R Y
X I I F L P M L B E X P O O P
O L S W B M L B F J X F H C R
```

CAT	LEMUR	ROTTWEILER
CORAL	PHEASANT	SEA SLUG
FLAMINGO	PLATYPUS	SEA SQUIRT
LADYBIRD	RIVER TURTLE	

ANIMALS

D	L	R	Z	P	P	M	U	K	P	M	P	W	V	L
U	M	B	B	X	H	O	U	R	A	O	D	B	D	L
M	T	C	C	O	H	M	T	S	L	N	X	W	L	A
A	V	S	R	G	W	N	C	U	S	G	C	P	L	B
N	R	O	O	G	R	A	S	S	H	O	P	P	E	R
T	K	M	C	Z	O	M	Z	V	F	O	P	P	I	A
U	Y	A	O	T	C	R	A	N	E	S	D	Q	N	D
U	V	F	D	I	A	U	F	J	I	E	V	P	X	O
U	H	S	I	F	N	W	O	L	C	P	H	C	A	O
P	Y	G	L	Y	T	T	R	W	L	M	X	Z	B	D
T	F	Y	E	K	N	O	D	M	S	U	Z	X	W	L
C	B	A	L	S	U	J	P	A	T	V	B	Q	R	E
U	L	Q	B	D	L	F	G	I	S	G	M	Y	E	M
E	Y	J	X	Z	M	I	L	H	X	I	C	M	B	U
O	R	Q	A	T	Y	C	D	K	W	M	T	O	Q	Z

BULLFROG	DONKEY	POSSUM
CLOWN FISH	GRASSHOPPER	
CRANE	LABRADOODLE	
CROCODILE	MONGOOSE	

ANIMALS

```
J U S P E S L I C G H L I R S
Y Y R U S M K X O T Z Y A E S
Y L T K P V H Y T Y H G D K V
P P Y Y E M H S V R E E L Y H
W S W Z R Z G B L J R X Y X M
B V S U M A T O P O P P I H J
A K E L W O U Y D I I I F H V
Y U N Z H O H L Q U M E B A W
Y Q G V A Y O B J D N E C Y R
J L Z M L M Y A R G N I T S W
J G F K E K R A H S E L A H W
U G E O M J U X A C D K I A C
B T H Y H E O I F S Q J B A H
T W N C P J O X F P Q V X J G
D P A Z K I G W O Y N O U X B
```

AINU DOG

HIPPOPOTAMUS

WHALE SHARK

EMU

SPERM WHALE

FLY

STINGRAY

Puzzle #32

ANIMALS

```
R  V  I  I  J  V  B  H  X  R  E  E  V  R  N
B  I  C  H  O  N  F  R  I  S  E  K  V  T  Z
O  C  A  R  O  L  I  N  A  D  O  G  W  S  R
S  F  B  A  F  T  L  C  W  N  I  U  K  J  M
F  L  H  U  X  A  Y  I  T  E  L  Y  I  C  N
W  Y  K  C  L  O  R  V  D  I  V  F  N  O  Z
H  S  I  F  Y  L  L  E  J  A  G  Z  G  C  D
W  P  A  V  T  A  S  R  U  N  M  E  C  K  S
N  N  S  M  K  N  T  H  K  T  K  R  R  R  V
E  W  D  N  U  O  H  N  A  H  G  F  A  O  S
C  J  W  B  I  Q  Z  L  Q  R  B  N  B  A  C
E  V  M  K  E  S  U  O  F  Y  K  S  E  C  E
Y  Z  E  L  A  H  C  T  P  P  E  S  M  H  I
G  A  J  R  G  U  I  N  E  A  P  I  G  V  L
X  N  E  S  U  O  L  D  O  O  W  G  G  J  E
```

AFGHAN HOUND	CESKY FOUSEK	TIGER
ARMADILLO	COCKROACH	WOODLOUSE
BICHON FRISE	GUINEA PIG	
BULL SHARK	JELLYFISH	
CAROLINA DOG	KING CRAB	

ANIMALS

```
B  G  C  Q  I  D  R  E  U  D  B  S  Y  D  V
D  C  O  J  G  H  G  X  S  W  S  V  B  H  U
G  W  B  D  H  Q  M  P  V  Q  B  M  X  V  Q
U  N  D  M  E  B  T  V  F  N  U  R  A  N  K
D  B  A  R  K  S  K  K  H  S  F  I  U  Z  D
J  B  I  I  A  A  E  F  P  N  F  A  D  N  P
K  G  A  N  N  Z  O  N  S  E  A  B  F  E  C
Y  S  G  V  X  I  I  Z  G  R  L  U  F  C  T
O  K  G  I  D  T  S  L  W  O  O  T  H  H  M
F  K  J  O  U  L  K  S  K  N  L  X  E  E  O
X  Z  Q  I  Z  K  V  J  Y  F  K  O  C  E  S
A  Z  N  D  A  F  B  Q  T  B  R  N  B  T  B
G  Y  T  Y  R  A  W  O  S  S  A  C  F  A  R
T  X  D  I  F  P  V  W  A  L  V  M  N  H  W
J  A  S  P  J  A  D  E  J  K  L  H  N  M  H
```

ABYSSINIAN	BEETLE	BOLOGNESE DOG
BUFFALO	CASSOWARY	CHEETAH
LIZARD	SQUID	

ANIMALS

```
S G T W Z O R E Q W B N P K Z
J B U H H G U C E N T N M N V
S U R H K N L L A G U P A U E
P T K W G V F J E V N J P R K
M I E L A H W R E L L I K E F
V D Y V U V L D Z H E A U V Z
J O R E I R R E T L L U B H C
M Q L N U C O A G I U P X D M
Q A H B I V N P K V I D Q U X
T Z Y K H F C A Z K Z W L Q A
K D T E H D F T C Y O D U F T
O T E X A S O U P I G U V K B
G X X K U Y M D P S R N Q C R
Q T A R S I E R O O T F A W K
Y T R F W E R Q S Q K N A T K
```

AFRICAN CIVET	KILLER WHALE	TANG
AYE AYE	PIG	TARSIER
BULL TERRIER	PUFFIN	TURKEY
DODO	QUOKKA	

ANIMALS

```
S O R J Z A C E E M U H F H I
Z V D E G I Z F B R A B X A S
K H A D I G G E O G T A Q S L
E I G R Z R Y O O I O Z L T F
O I N O C U R D R I Q Q U R X
K U L G H T R E L F V T N H I
H A E L P E I Y T D H C X Z L
N A J M O E G C C N F S N B B
F T R D R C N D W G R B R A T
P N U R T E L G E O K I H A L
X Y E W I Y G F U H L T A Z M
B R E T A E T N A I I F N C V
Z S X Q G E R P O N N D O W M
S U Q K P F M N E P K W K J S
N P H X G J T B R U S E A R N
```

ANTEATER	HARRIER	SPONGE
ARCTIC WOLF	HEDGEHOG	
CAIRN TERRIER	KING PENGUIN	
COLLIE	MARSH FROG	

ANIMALS

```
J Y E K N O M T E V R E V E A
D B B O B V G J D U M H L N P
D R U E E S R O H S P K U J S
Y U S M F Q O B H K V G M J T
Z Y R X B O U B B U L L D O G
T G D D S L S U A H P A F M P
S F D Y T Y E H S O Q X B A L
B J B D F K I B S R U T X S K
T X O C P L V W E N C T W T G
W I V L Y Y J G T E A R W I G
C I V H L U H H H D R E U F O
C M W Y P M X P O F P S K F Y
C E A D I U Z R U R J L G T W
S G V C I D J Y N O B P Y V R
Z T P L Z U K P D G J F N M T
```

BASSET HOUND	GROUSE	VERVET MONKEY
BULLDOG	HORNED FROG	
BUMBLE BEE	HORSE	
EARWIG	MASTIFF	

ANIMALS

```
X V B Z W H J H S F S Y U A Y
L R M T X E Q W T H Q E W F K
M A H S O G S E F B G F M A I
Q X Y S F D B T S L B C T X D
U V X N I S M C A E X B F B L
W H E R L F M H M R N J H R X
J N X X Q K L M U X F A D S Y
A Q E A D N G E Q P A I V V V
G Y J K R A H S G N I K S A B
U O E Q C C E Q O N W B O H J
A W D V N I P O S P A P K R Z
R U H K L W H W G A V R T G K
G S C T O L E C O R R G T F U
M N F C E B E V I I T W L A J
M L Q N R A L D W T Q B H M H
```

ANGELFISH	BASKING SHARK	CHICKEN
DOG	JAGUAR	JAVANESE
OCELOT	STARFISH	

ANIMALS

```
B A L I N E S E Z H Z P U E G
O A G P V C N M N R I M C U O
T G R R C N K L J Z G C Z E F
S A G N I G T M T I V M V D F
Y U B V O Z U J L W F U K G Y
V T K E Q W Z I W O E I G D Q
E L U N R L L N S U C S I D
G N X X Q I P S Y E A S R U J
C M W O L R P L O B A A V T K
P Y W A U E O M K N E F M W W
N H P I R A N H A D U A O F M
B S K P E P G A K V J I R W W
E I D U P J A C K R U S S E L
D A Z E M R N N L Q A I H P K
N E S Q T Q V V G Z Y M L Z B
```

BALINESE	GUINEA FOWL	PRAWN
BARN OWL	JACK RUSSEL	VAMPIRE BAT
DISCUS	MARKHOR	
GRIZZLY BEAR	PIRANHA	

ANIMALS

```
H U M M I N G B I R D M O S B
T O A N D I H C E I V A Z B I
Y L F Z B R T W W O U Y Y Q K
N N P U P I E A W E L R P Q Z
Z J I Z M D N G O G T H F F X
K G K R A Z Y T I C U L W P N
E B E L A R H P U T R J Q U L
B B G A R M L F Z R E R V L Z
B Q N I E M A I F J O T N V I
B A P A R R O T O O J N I C F
T M G B L A W T D A H A G H S
U B I Q L O F S H E O P K L W
N P I H H E U F V W I E R S H
B R M S S T J L E A Z P F N J
Q G V C A S Z Y Z G G F D L P
```

BINTURONG	HUMMINGBIRD	PIKE
COATI	MOTH	VULTURE
ECHIDNA	PARROT	WHITE TIGER
GIRAFFE	PIED TAMARIN	

ANIMALS

```
S O M N W N X C N I D N H T S
B G B X I M J J Q F T Y W X L
E J Q S E G A N S H I H T Z U
H U I V D O H R S O G T L G V
Q D G N I R C T I F F L V A W
G U X S B I A A I N O A R P G
X O L C L L N G N N E K A N S
H D H L E L E J O A G T E X I
L P L T F A N M C N A A O W T
I Z E B R A J D A C F N L A T
J E T C O A S B T C F L D E D
U Z F L G B W T H K A W Y O G
W U S I L V E R D O L L A R G
U V F S E S R J G W B Q I W I
C J N U F B H O Q B Y X O V G
```

CAMEL	MARINE TOAD	WARTHOG
CANAAN DOG	NIGHTINGALE	ZEBRA
DRAGONFLY	SHIH TZU	
EDIBLE FROG	SILVER DOLLAR	
GORILLA	SNAKE	

ANIMALS
Puzzle # 1

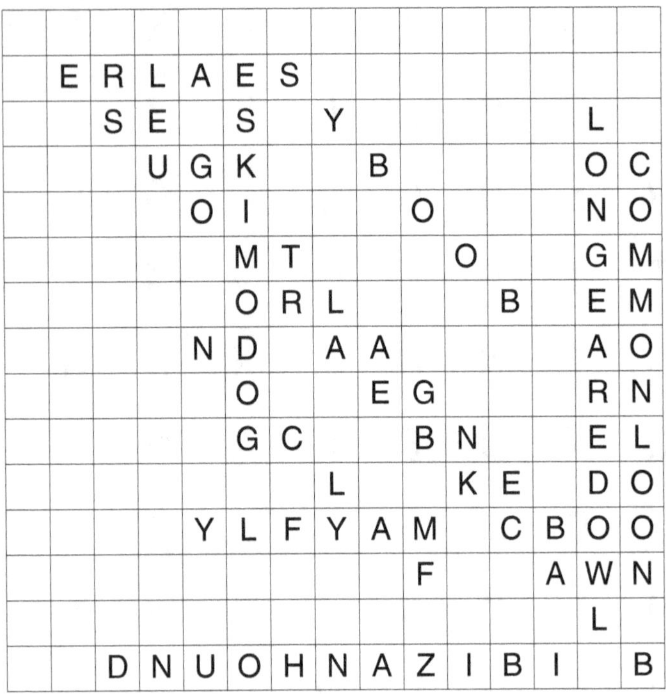

ANIMALS
Puzzle # 2

ANIMALS
Puzzle # 3

ANIMALS
Puzzle # 4

ANIMALS
Puzzle # 5

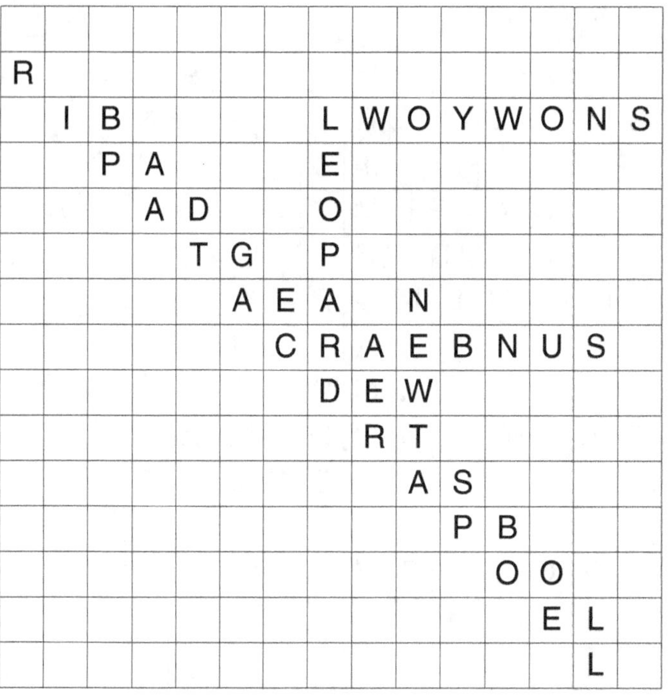

ANIMALS
Puzzle # 6

ANIMALS
Puzzle # 7

ANIMALS
Puzzle # 8

ANIMALS
Puzzle # 9

ANIMALS
Puzzle # 10

ANIMALS
Puzzle # 11

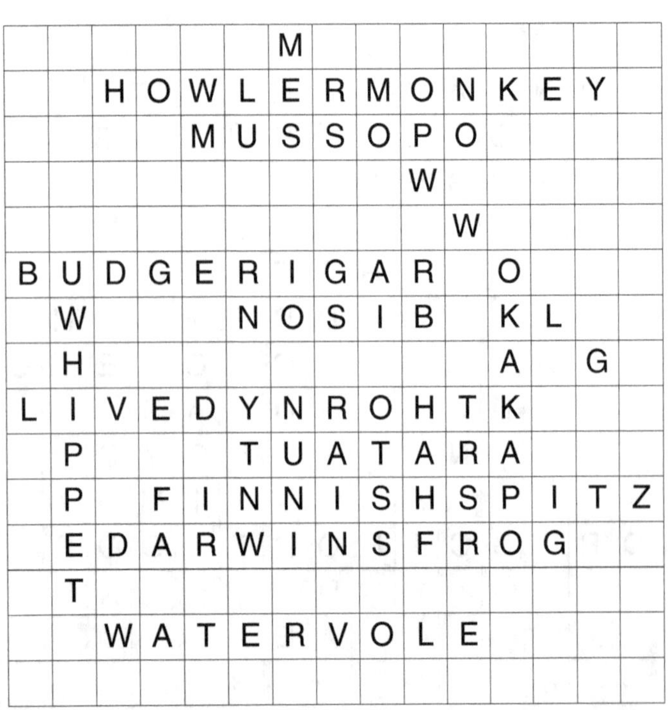

ANIMALS
Puzzle # 12

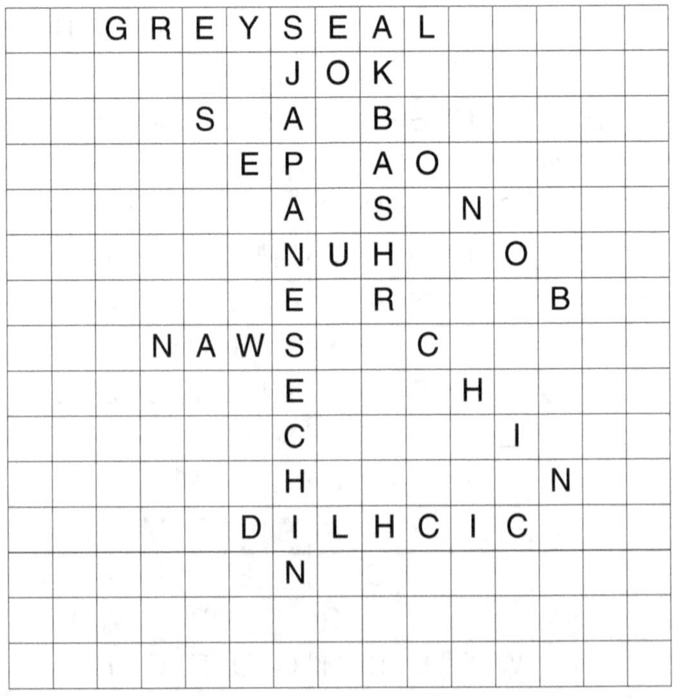

ANIMALS
Puzzle # 13

ANIMALS
Puzzle # 14

ANIMALS
Puzzle # 15

ANIMALS
Puzzle # 16

ANIMALS
Puzzle # 17

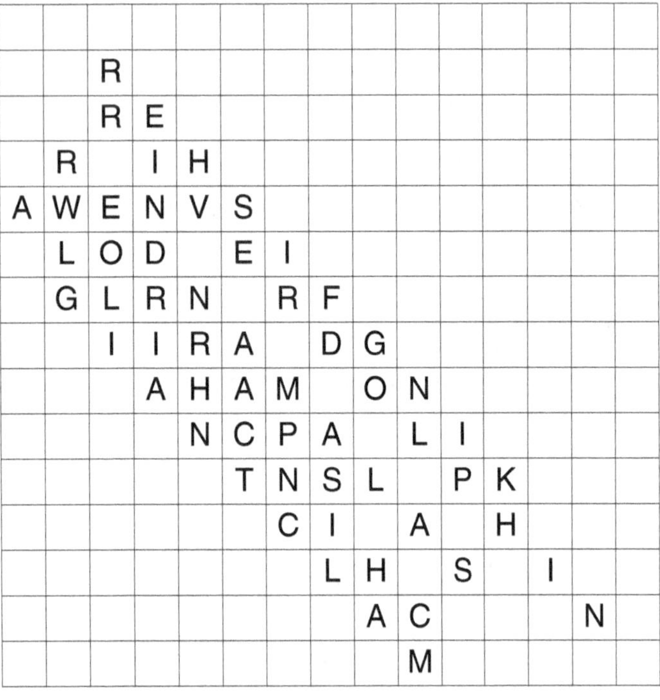

ANIMALS
Puzzle # 18

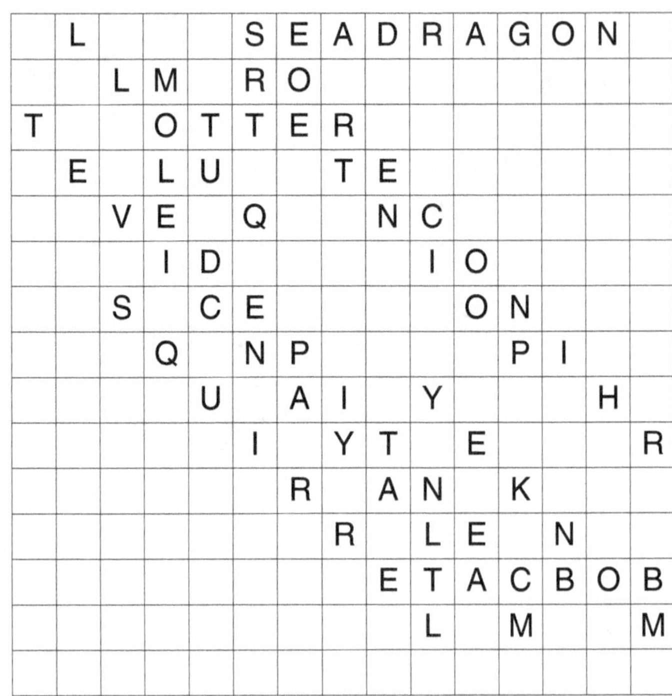

ANIMALS
Puzzle # 19

ANIMALS
Puzzle # 20

ANIMALS
Puzzle # 21

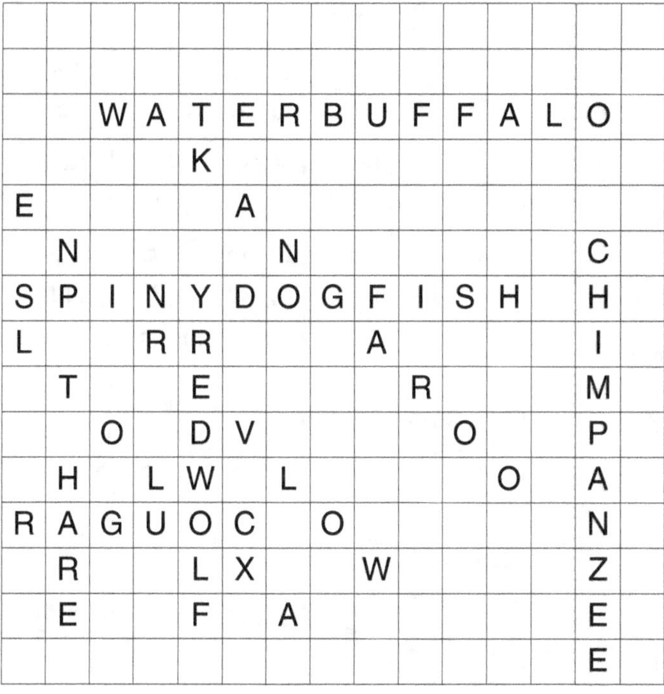

```
              W A T E R B U F F A L O
                  K
E               A
  N               N                     C
S P I N Y D O G F I S H               H
L     R   R             A               I
  T       E                   R         M
    O     D V               O           P
  H     L W     L               O       A
R A G U O C       O                     N
  R       L X         W                 Z
  E       F   A                         E
                                        E
```

ANIMALS
Puzzle # 23

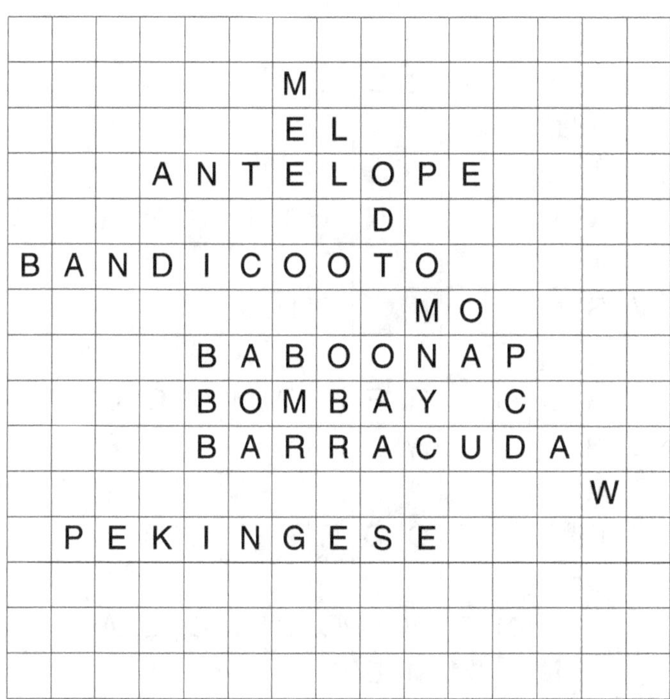

```
            M
            E L
      A N T E L O P E
            D
B A N D I C O O T O
                M O
      B A B O O N A P
      B O M B A Y     C
      B A R R A C U D A
                        W
  P E K I N G E S E
```

ANIMALS
Puzzle # 22

```
    D R I B A L L E R B M U S
  B                           T
G O D N O O C C A R           I
R       I H A V A N E S E     C
D         P U M A R T E T     K
E       P   A                 I
R       E   K                 N
C O M M O N T O A D           S
N O I L       G               E
L               U             C
L                 I           T
I S P I D E R M O N K E Y
E
```

ANIMALS
Puzzle # 24

```
  B
S R A T T L E S N A K E
  I   S         E N K
  R A   E       S I C
  E M   N E     A H U
  T E S J L       E P D
  T S O I G       W L
T A K R E E M D A       O
      S     A O E       C D
          H     L G     T
          S     I O
          N A C I L E P
                R       U
                        I S
    N O G A R D R E T A W
```

ANIMALS
Puzzle # 25

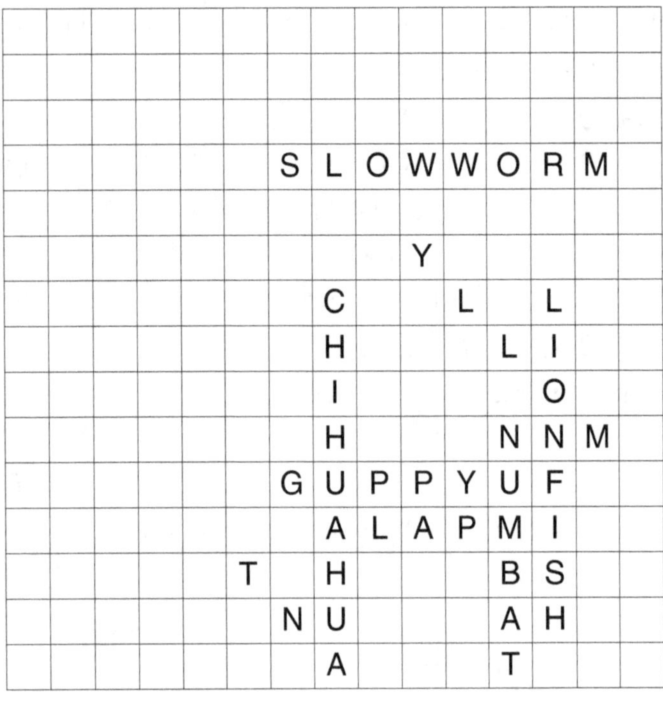

ANIMALS
Puzzle # 26

ANIMALS
Puzzle # 27

ANIMALS
Puzzle # 28

ANIMALS
Puzzle # 29

ANIMALS
Puzzle # 30

ANIMALS
Puzzle # 31

ANIMALS
Puzzle # 32

ANIMALS
Puzzle # 33

ANIMALS
Puzzle # 34

ANIMALS
Puzzle # 35

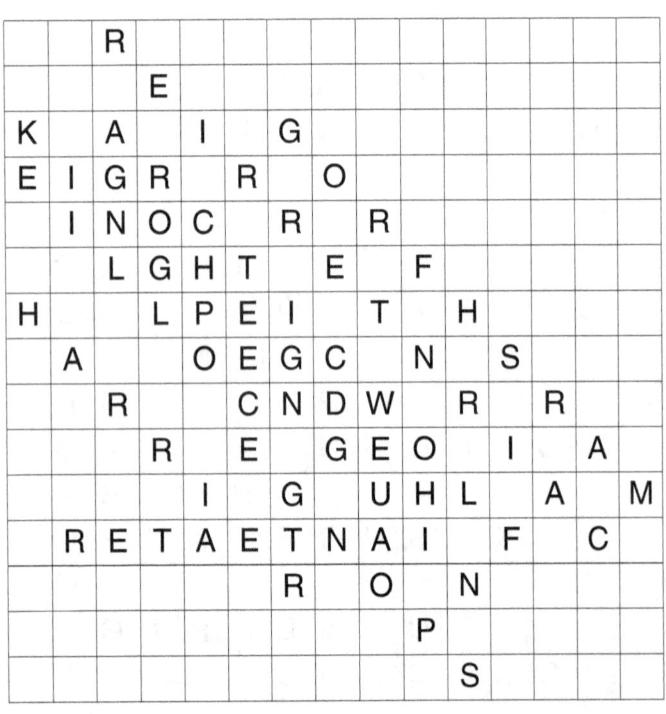

ANIMALS
Puzzle # 36

ANIMALS
Puzzle # 37

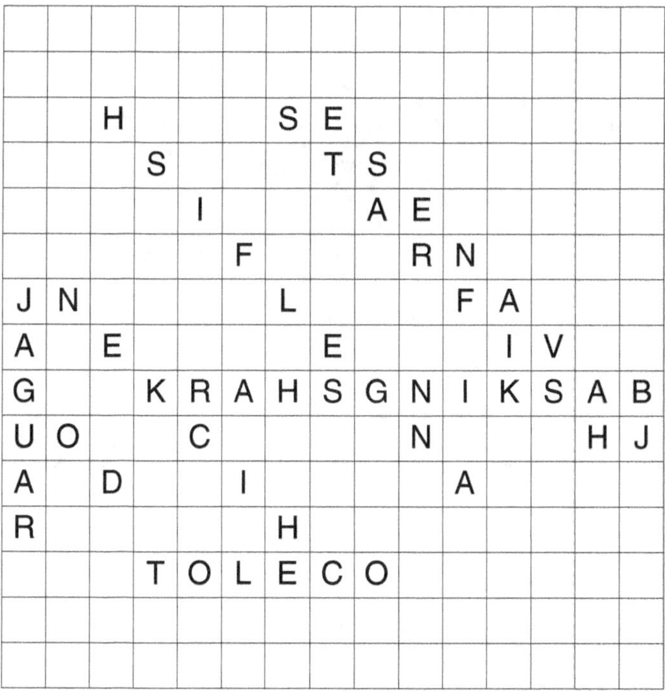

ANIMALS
Puzzle # 38

ANIMALS
Puzzle # 39

ANIMALS
Puzzle # 40